Tobias Bungter

Sackjeseech!

Das andere kölsche Wörterbuch

3. Auflage 2003

© 2002 Verlag Kiepenheuer & Witsch, Köln – Lizenzgeber:
Labonté Köhler Osnowski Verlagsgesellschaft mbH, Köln
Lektorat: Helga Resch
Illustrationen: Céline Lemosquet
Satz und Layout: Greiner und Reichel, Köln
Druck und Bindearbeiten: GGP Media, Pößneck
ISBN 3-462-03529-0

Inhalt

Schänge vun A bes Z

A

Aap, Affe. Oft und gern zu allen Gelegenheiten benutzt. *Do Aap* als brauchbare Variante zu → *Do Jeck.* Wer sich gerne und oft an Frauen heranmacht, *»dä kann klemme wie en Aap«* (der kann klettern wie ein Affe). Wer sich blöd aufführt *»määt de Aap«* (macht den Affen). Bekannt ist auch *Müllers Aap,* der berühm-

te Kölner Boxer mit veritablem *Aapejeseech* (Affengesicht).

Aapefott, Affenpopo. Auf dem Pavianfelsen im Kölner Zoo täglich zu bewundern und deshalb im visuellen Gedächtnis der Kölner sehr präsent: → *»Do kriss en Aapeföttche!«*

9

Aapejäckelche, Affenjäckchen. Moderne und alberne Jacke, wie sie bei manchen Talkshowmastern und Provinzpolitikern beliebt ist.

Aapeklösje, eine gelungene Mischung aus Affe und Nikolaus (Klösje = Kläuschen). Mit *Aapeklösje* wird gerne über vorwitzige und altkluge Kinder gesprochen: »*De Härri Potter – nä, wat en Aapeklösje!*«.

Aaschloch, Vorsicht! Je nach *Milljöh* und Laune des Gesprächpartners ist *Aaschloch* im Kölschen manchmal ironisches Kompliment, manchmal Beschimpfung. »*Tach, do ahl Aaschloch!*« kann durchaus nett gemeint sein. Wer ein richtiges »*Aaschloch*« ist, hat die typisch kölsche Mischung aus Bauernschläue, Mut und kecker Verschlagenheit. Wer sich nicht traut, etwas zu tun, hat »*net et Aaschloch dozo*« (nicht das Arschloch dazu). Zum Beleidigen besser geeignet: *Aaschkrampe* – die haben so viel »*Driss in d'r Botz*« (Schiss in der Hose), dass sich alles verkrampft. Siehe auch → *Stock em Aasch*. Adeligen wird nachgesagt, sie hätten »*e schwatz* (schwarzes) *Aaschloch*« oder, in einer Variante, »*en dreieckelijes* (dreieckiges) *Aaschloch*«.

abstrak, wörtlich abstrakt, bedeutet im Kölschen aber eher unfassbar oder unnahbar. »*Dat es ene* *janz abstrakte Minsch«* (das ist ein ganz abstrakter Mensch) ist eine schön indirekte Beleidung für unverständliche, unfreundliche und abstoßende Leute.

Ädäppelsnas, noch formschöner als die beliebte → *Pappnas* ist diese knollige Kartoffelnase.

afjeleck, geleckt, wörtlich: abgeleckt. Den typischen → *Düsseldorfer* sieht der Kölner mit Vorliebe als *»afjeleckte Kiesbröck«* (abgeleckten Käsekrümel).

Ahl, Alte, Alter. Damit sind nicht Vater, Mutter, Oma oder Opa gemeint, sondern Freund oder Freundin – egal wie alt. Wahrscheinlich, weil dem Kölner eine Beziehung, die länger als 3 Tage dauert (Karneval!), sowieso suspekt ist. Der neue Lover ist dann *de neu Ahl* – logisch.

Ähzezäller, der Erbsen-zähler nimmt alles ganz genau. Das geht in Köln natürlich nicht (→ *Klüngel*). Deshalb kommt der typische *Ähzezäller* vornehm-lich auch aus dem un-säglichen → *Westfalen.*

11

Allör, Benehmen, von französisch *Allure.* *»De Pooschte han Allöre!«* – Ein Benehmen haben die Jungs!

Alt (-bier), das identifikationsstiftende Getränk der → *Düsseldorfer* in einer kölschen Kneipe zu bestellen, ist ungefähr so schlau, wie dort ein lautes → *Helau!* zu schmettern. Ein lustiges Gesellschaftsspiel für Amateurverhaltensforscher ist allerdings, in gemütlicher Runde einmal zu behaupten, *Alt* schmecke doch eigentlich viel besser als *Kölsch.* Viel Spaß!

Apeteker, mit Fug und Recht bezeichnet der Kölner Leute, die überteuerte Preise verlangen, als Apotheker: *»Dat es ene Apeteker, de nimp et vun de Lebendije«* (Das ist ein Apotheker, der nimmt es von den Lebendigen).

B

Bajaasch, die *Bagage* besteht aus allem, was eben dazugehört: Mamm, Papp, → *Pänz,* Oma und Opa, Tanten und Cousinchen, Eimerchen, Förmchen, Schüppschen, Picknickkorb und Piccolöschen, Klappstühlchen und *en Kess Kölsch* (einer Kiste Kölsch) – und dann ab in den Volksgarten.

Bälkes, der *Bälkes,* auch *Brölles* genannt, schreit, was das Zeug hält. Meistens, aber nicht immer, handelt es sich beim *Bälkes* um »*ene dreckelije → Panz*«.

Bangbotz, der hochdeutsche »Angst<u>hase</u>« entspricht dieser kölschen »Angst<u>hose</u>« (*Bangbotz*). Was ist denn da passiert? Hat vielleicht ein bayerischer Übersetzer die kölsche *Bangbotz* in das Hochdeutsche transponiert? Hinweise bitte an den Verfasser.

Bär op Söck, Bär auf Socken. Wenn der angeschlichen kommt, rettet man zuerst das Geschirr. Ein → *Kaventsmann* mit gutem Gemüt.

Baselemanes, von spanisch *besamanos* (Handkuss). Wer »*singe Baselemanes mäht*«, der scharwenzelt in übertriebener Weise um die Damenwelt herum. Generell ist *Baselemanes* aber auch unnötiges Getue und Buhei um eine Sache, eben → *jeckes* → *Jedöns.*

Bergheim-Palme, Bergheim, ein westlich von Köln gelegenes Dorf mit Stadtrechten, ist für den Kölner das Epizentrum des schlechten Geschmacks. Goldkettchen, Mantas, Dobermänner: alles Bergheim. Sehr beliebt ist bei den Damen die *Berg-*

heim-Palme: Ein Zopf, der anstatt hinten *oben* auf dem Kopf sitzt. Außerhalb von Bergheim zuletzt in einer amerikanischen Aerobic-Show aus dem Jahr 1987 getragen. Es handelt sich also bei der *Bergheim-Palme* um ein lebendes Fossil!

beklopp, eines der beliebtesten rheinischen Wörter überhaupt. Bedeutung ist variabel: verrückt, toll, wahnsinnig, ganz normal, völlig durchgedreht, total irre. Es kommt auf die Betonung an. Übung macht den Meister.

Bessem, »*de ahl Schmitz es ene Bessem*«: die Frau ist ein Besen: kratzbürstig, unfein und geht einem ordentlich gegen den Strich.

Binzje, eines der zahlreichen Wörter für kleine Kinder (→ *Panz)*, eigentlich ein Klicker.

Blötsch, Beule. Wer *verblötsch* ist, der tickt nicht mehr ganz richtig, hat »*ene Blötsch am Kopp*« (Beule am Kopf).

Boorebahnhoff *»En Fott wie ene Boorebahnhoff«*, Ein Hintern wie ein Bauernbahnhof, als hübsche Variante auch *»En Fott wie en Sesterpäd«* – ein Hintern wie eines der dicken Brauereipferde der Kölschbrauerei Sester, die auch heute noch die Bierdeckel zieren und bis vor einigen Jahren höchstpersönlich deren Brauereiwagen durch Köln zogen.

Boorekermes, als Bauernkirmes bezeichnet der großstädtische Kölner alles, was großtuerisch, hochmütig und geschmacklos aufgedonnert ist. Die moderne Äquivalente zur *Boorekermes* sind die BM-, GL- und SU-verseuchten Ringe am Samstag Abend.

Botz, Hose. Das mittelniederdeutsche Wort *boxe* für Hose ist über Amerika mit den *Boxer-Shorts* sozusagen re-importiert worden. Als *quasi* zum Körper gehörendes Utensil eignet sich die *Botz* für mannigfaltige Sprüche: *»Treck d'r de Botz an!«* (zieh dir die Hose an = merk dir das), *»do kriss jet an de Botz«* (du kriegst was an die Hose = du bekommst gar nichts, bzw. Ärger), *»ahl Botze«* (alte Kerle), *»dä hätt Pech an de Botz«* (der ist vom Pech verfolgt), *»dä hätt jet an de Botz«* (der hat Geld), *»do bes de in de Botz jekniffe«* (da hast du dich in die Hose gekniffen = da hast du dich aber vertan), »dä läuf sich de Bein us d'r Botz« (der läuft sich die Beine aus der Hose = macht viel Wind um nichts).

Bützmul, Kussmund. Wer das *bütze* (küssen) nicht lassen kann, wird schnell zum *Bützmul* und spielt in der gleichen Liga wie der → *Föttchesföhler.*

D

Dier, ärm, Tier, arm. Wer *et ärm Dier* hat, dem geht es nicht besonders gut und der wird aller Voraussicht nach seine Melancholie schleunigst in Kölsch ersäufen. Aber aufgepasst, sonst folgt am nächsten Morgen gleich der → *fiese Möpp.* Je nach Situation und Betonung ist *do ärm Dier* als tröstend (du armer Teufel) oder beleidigend (du Nichtskönner) zu verstehen.

Dilledöppche, Kreisel. Ein *Dilledöppche* ist ein aufgedrehter Mensch, der immer *in action* ist. Dabei dreht er sich natürlich meistens um sich selbst. Das Gegenstück zu → *Schlappmanes* und → *Drömeldier.*

Ditz (-je), Kleine(r), vom französischen *petit.* Ein *Ditz* oder *Ditzje* ist ein kleines Kind, andere Bezeichnungen sind → *Panz, Stropp, Stümpche, Pan-nestätzje, Binzje* und *Dubbeldiitzje.*

Döpp, Augen. *De Döpp* sind nicht irgendwelche Augen, sondern diese großen, geschwollenen Jetzt-ist-aber-wirklich-Schluss-mit-Kölsch-Augen, die sich der Kölner regelmäßig ansäuft und die sich deshalb manchmal so festsetzen, dass sie den ganzen Tag über nicht verschwinden. Die Steigerung dieser After-Hour Augen sind *Dräumdöpp* (Träumaugen).

Driss, bedeutet, Pardon: Scheiße. Aber nicht ganz: während Scheiße vulgär, gemein und unästhetisch angepreußelt kommt, ist der kölsche *Driss* von feinerer Konsistenz. »*Dat es doch Driss*« ist unendlich liebevoller als: Das ist doch Scheiße. Bei *Driss* lässt sich noch darüber reden. Und wenn nichts dabei herauskommt, ist doch *janz ejal*: »*drieß d'r jet, dann häss de jet*« – scheiß dir was, dann hast du was. Das ist er, der rheinische Kapitalismus.

Drömeldier, Trampeltier, unaufgeweckte Person. Eine richtige Schlaftablette. Mit denen geht man aber in Köln nicht so hart um (schließlich gehört man selber doch auch irgendwie dazu, bzw. *dabei*), deshalb klingt *Drömeldier* richtig nett. Schlimmer sind dann schon → *Halfjehangs* und → *Schlappma-nes*.

Drömeröm, das ganze »Drumherum«. Alles, was dazu gehört, aber natürlich auch das unvermeidliche → *Jedöns*. »*Mach net esu vil Drömeröm*« ist eine oft gehörte, aber immer wirkungslose Aufforderung an den Kölner, seine Erzählung auf den Punkt zu bringen. Ein sinnloses Unterfangen.

Dubbelditzje, von französisch *tout petit*, also ein ganz kleiner → *Panz,* den man auch *Stümpche* oder →*Pannestätzje* nennen könnte.

Dudekopp, mit Totenkopf bezeichnet der Kölner knochige Gesellen, an denen, *quasi*, nix dran ist. In weiblicher Ausführung auch als → *Möckeföttche* zu finden.

Dusseldier, (mit kurzem *u* und weichem *s* ausprechen) – Tagträumer. Ähnlich wie das → *Drömeldier* ist das *Dusseldier* meistens nur körperlich anwesend. Aber wenn so ein *Dusseldier* etwas verschusselt, wird das in Köln nicht besonders krumm genommen: → »*et hätt noch immer jot jejange!*«

Düsseldorfer, die tödlichste aller Beleidungen für einen Kölner. Die Nachbarstadt steht für alles, was der Kölner verabscheut: möchtegern-fein, möchtegern-groß, stinkreich, überheblich, arrogant. Sinnlos, mit einem Kölner über den wahren Gehalt dieser über Generationen festzementierten Urteile zu diskutieren. Düsseldorf ist einfach *fies*. Das alles gilt allerdings nur auf heimischen Terrain. Sobald sie ihre jeweiligen Heimatstädte verlassen haben, fallen sich Düsseldorfer und Kölner gegenseitig um den Hals und feiern das Rheinland, egal ob in Westfalen oder New York.

E

Entefott, Entenpopo. Die *Entefott* tanzt 24 Stunden am Tag den Ententanz. Bedeutet: sie macht ein → *Jedöns* (Getue), dass einem Angst und Bange wird. *Un dat nervt!*

F

Fetz, kleiner Junge, vor allem vorwitziger Art. »*Einmol Prinz zo sin, dovun han ich schon als kleiner Fetz jedräump*« (Einmal Prinz zu sein, davon habe ich schon als kleiner Junge geträumt – Karnevalshit des Dreigestirns der Session 1993). Im ländlichen Gebieten auch »*Fent*« – »*Luurens, de Fente jon kämpe!*« (Guck mal, die Jungen gehen zelten!).

feukele, hätscheln, tätscheln und liebhaben. Plüschtiere, Kinder oder andere Menschen.

fies, in Köln sind nicht nur Dinge oder Menschen gerne und reichlich »*fies*«, man kann auch selbst »*fies*« vor etwas sein, also sich vor etwas ekeln: »*Ich bin fies vür Müüs!*« (ich ekele mich vor Mäusen).

Fiese Möpp → *Möpp, fiese*

fimpschich, angefault und verdorben, eigentlich geht es um Obst und Gemüse, das weich und schmierig geworden ist. Das kann auch auf Menschen und Dinge übertragen werden. Jemand, der *fimpschich* ist, ist nicht besonders stabil, verträgt kaum Kölsch und wird dauernd krank. Wenn

Frauen *fimpschich* sind, haben sie ihre Tage und sollten, einer alten Tradition zufolge, keine Mayonnaise anrühren.

fippich, lässig-elegant-schlampig. Eleganz à la Kölle. Da kracht die pinke Joggingleggins, und der Hochkopf-Zopf (→ *Bergheim-Palme*) wackelt dazu.

Fissematente, »*Visitez ma tente!*« – Besuchen Sie mein Zelt! So forderten angeblich die französischen Soldaten damals zu Napoleons Zeiten die *lecker Mädche us Kölle* auf. Das Ergebnis: → *Fisternöllche*. Also sagte die *kölsche Mamm* zum Töchterchen: Mach das nicht, das mit dem Zeltbesuchen. Mach mir keine *Fissematenten*!

Fisternöllche, ein *Fisternöllche* ist eine Affaire. Angeblich steht der *fils de noël* (französisch Weihnachtssohn) Pate. Da die kölschen Mädchen gerade um die Karnvealszeit (wann sonst?) die napoleonischen Soldaten gerne im Zelt besuchten (→ *Fissematenten*), wurden um die Weihnachtszeit (na ja, mehr oder weniger) besonders viele uneheliche Kinder geboren. Eben die *Fisternöllcher*. Noch heute sind die Kölner Kreißsäle neun Monate nach dem Rosenmontag regelmäßig überbelegt. Kölle Alaaf!

Flaatschmuul, das Flatschmaul ist vom vielen Reden breit getreten, ähnlich wie die → *Schlabberschnüss* oder das → *Klaafmuul*.

Flitschje, ein leichtes Mädchen, aufgedonnert wie ein → *Pattevugel* und zu jedem → *Fisternöllche* bereit.

Flöcke Pitter, der flinke Peter war einst der fleißige Schuster – im modernen Köln tragen zwei äußerst unangenehme Dinge diesen Namen: ein Zahnarzt, der ohne lange zu zögern den Bohrer zückt, und der Durchfall, der sich nach exzessiven Kölsch-Gelagen einstellt.

Flüppche, leichtlebige Frau. Quasi: die kölsche Femme Fatale. Wer Angst vor ihr hat, sollte Weiberfastnacht lieber Türen und Fenster verriegeln und sich im Kleiderschrank verstecken. Kryptisches Köln: *Fluppe* bezeichnet heute eine Zigarette. Und wer sagt *et flupp*, meint damit, dass alles in Ordnung geht.

Foderkaat, Futterkarte. Klingt abwertend, ist aber nicht so gemeint. Auch in *vürnehmsten* Kölner Brauhäusern heißt die Speisekarte *Foderkaat*.

Föttchesföhler, der »Hinterteilbetaster« ist, wie sein Kollege, der → *Schmecklecker* in Köln sehr verbreitet. Besonders zu Karnevalszeiten gibt es, je nach Etablissement, für Mädchen oder auch Jungs kein Entkommen.

Fressklötsch, jemand, der ständig und überall *am essen* ist und nie genug bekommt. Geht zurück auf Arnold Klütsch (1775–1845), der ein phänomenaler Esser war. Arnold Klütsch war *Altreuscher* (Schrotthändler) am Eigelstein.

Fubbelsmatant, Schlampe, unordentliche Frau. Von *fubbelich*: fadenscheinig, zerrissen, und französisch *ma tante.* »*De Emanze sin all Fubbelsmatante*«. Siehe auch → *Quiselsmatäntche.*

Funz, der Kölner hat eine besondere Beziehung zur *Funz*, dem weiblichen Geschlechtsteil. Es gibt *Funzarbeit, Funzjeld, Funzfußballvereine, Funzbanken, Funzlehrer, Funzfilme* usw. Und wer von jemand sagt, er sei ein »Pfundskerl« sollte gut artikulieren. Versteht der Kölner nämlich »*Funzkerl*«, ist schnell die → *Schnüss* poliert.

Fuss, der Rothaarige ist im Kölschen ein »Fuchs« – unvergesslich: »*et fussich Julche met de lilla, lilla Söckcher*«.

futü, verloren, am Arsch, *kapott.* Aus französisch *foutu.* Die *»Pief es usjejange«* (die Pfeife ist ausgegangen) und *»et es all om Hungk«* (es ist alles am Hund). *»Oh wieh, oh wieh, de Zick die eß futü!«* (Oh weh, oh weh, die Zeit, die ist verloren!).

G

G, *et Jeh jid et en Kölle doch ja net!* (Das G gibt es in Köln doch gar nicht!)

H

Halfjehangs, Halbgehangenes. Eben nix Ganzes. Nichts dran an dem Kerl. Richtiger → *Schlappmanes.* Totales → *Drömeldier.*

Helau, au weia! Den Schlachtruf des → *Düsseldorfer* Karnevalstreibens an Weiberfastnacht auf dem Altermarkt zu schmettern, gleicht einem Mordanschlag auf sich selbst. Es gibt angenehmere Arten des Ablebens. Aber, bitte sehr.

Höhnerföttche, Hühnerpopo. Der Kölner guckt eben genau hin: *Höhnerföttche* heißt die schrumpelige Haut am Ellenbogen. Manche Leute haben die leider auch im Gesicht (→ *Sackjeseech*).

Höhnerkläuche, »*Dat krejen mer met nem Höhnerkläuche*« – das kriegen wir mit einer kleinen Hühnerkralle – bezeichnet die Art, in der in Köln die meisten Geschäfte abgewickelt werden: Mit einer kleinen und äußerst lukrativen Verbiegung der üblichen Gesetzmäßigkeiten wird alles »*esu jemaggelt*«. So entstehen Kathedralen, Hochhäuser, Banken und Fernsehsender. Siehe auch → *Klüngel* und → *maggele*.

höösch, still, zart, langsam, ruhig, gelassen: Das alles trifft nicht den unglaublich beruhigenden Effekt des kölschen *höösch*. »*Mad ens höösch!*« Es ist wie ein Wiegenlied.

Hoppestang, die »Hüpfstange« ist ein zu lang geratener Kerl mit zappeligen Bewegungen, im Gegensatz zum *Hoppemötzje*, das zwar auch nicht stillhalten kann, aber dafür eher klein ist.

Huddelskrom, halb Köln besteht aus *Huddelskrom,* also unfertigem und zusammengeschustertem Kram. Das ermöglicht es dem Kölner, seine Stadt als die nördlichste Italiens zu bezeichnen. Der Kölner Volkssport *huddele* passt nicht in die rest-deutsche Arbeitsmoral, weshalb notorische → *Äh-zezäller* und → *Pelledresser,* wie zum Beispiel → *Westfalen,* ganz Köln als → *verfumfeit* bezeichnen würden, wenn sie solch schöne Wörter hätten.

Hümpelchepümpelche, ein Humpelnder, dem durch die verniedlichende Bezeichnung das typisch köl-sche ironische Mitgefühl zuteil wird.

Hungk, surer, der saure Hund ist ein Wein, der ei-nem die Zunge zusammenzieht. Da hilft nur ein kühles Kölsch, um den Geschmack wieder wegzu-spülen.

Hungksfott, Hundepopo. Mit Vorsicht zu gebrau-chen! Ist komischerweise eine der stärksten köl-schen Beleidigungen überhaupt.

I

Imi/Immi, was ist er eigentlich, der Imi? Schlichtweg der Immigrant (egal ob aus Havanna oder Hürth-

Kalscheuren) oder, wie andere meinen, der imitierte Kölsche: einer, der sich als Kölner ausgibt, aber gar keiner ist. Ist ja auch *ejal*: Jeder ist ein Imi. Fast überall.

J

Jebömmels, Ohrringe, Halsketten, Piercings: Alles, was irgendwie schmuckmäßig am Körper baumelt, fasst man in Köln griffig als *Jebömmels* oder auch *Bömmelaasch* zusammen. Auch die hohen Karnevalisten tragen ihr *Jebömmels*, bestehend aus allerlei Quasten und Troddeln an Kappe und Uniform, mit echtem Stolz.

jeck, verrückt. Der Universalzustand eines jeden Kölners. Eigentlich ist überhaupt jeder *jeck* und → *»Jeder Jeck es anders«*. »Do Jeck« sollte alle paar Minuten mal in jedes Gespräch eingebracht werden, das zeugt von Respekt vor der *Jeckigkeit* des Gesprächpartners, im Grunde also vor seiner Individualität. Nett steigerbar mit: *»do jecke Jeck«*. Wichtige Regel: Wenn man eine Neuigkeit erfährt, egal welcher Art, erst mal mit *»jeck!«* antworten. Da liegt man auf jeden Fall richtig.

jedäuf, getauft nennt man Wein oder Bier, in das der → *Kniesbüggel* von Wirt Wasser geschüttet hat. Das Ergebnis: Das Zeug kann man → *»nem Äsel nit in et Oor schödde.«*

Jedöns, diesen ganzen unnötigen Kram und das überflüssige Getue, mit dem sich die Menschheit pausenlos eindeckt, fasst der Kölner griffig als *Jedöns* zusammen. Der *Herr Jedönsrat* ist also einer, der unnötig viel Wind um sich selbst und seinen Kram macht.

Jemölsch, Gemisch. Ein fröhliches *Jemölsch* ist in Köln immer gern gesehen: ob als *Schlampampe* auf dem Teller oder als lustiges Durcheinander im Sitzungsaal.

Jesocks, Pack, Gesinde, fiese Mischpoke. Eine üble Mischung stinkender Socken. Gut zu gebrauchen für jedwede Kollektivbeschimpfung: *»Minister, Präsidente un de Kwien – alles et sällve Jesocks!«*

28

Jetüttels, wer noch pingeliger als pingelig ist, ist *tüttelig*. *Jetüttels* ist unnützes Getue um Kleinigkeiten, unangebrachte Empfindlichkeit und überflüssiges → *Jedöns* für → *Ähzezäller*.

Jömerpott, kein Römertopf, sondern ein Jammerlappen.

K

Kabäusje / Kabuff, eine kleine Wohnung, eigentlich die Abstellkammer. Der Kölner hat ein inniges Verhältnis zu *singer Bud*, deshalb zahlt er auch gerne die wahnwitzig überteuerten Mieten der Domstadt.

käbbele, das typisch kölsche herzensgute und liebgemeinte schnatternde Streiten an der Straßenecke nennt man *käbbele*. Oft wird aber auch ein großer Streit als *Käbbelei* bezeichnet und verliert damit sofort seine Ernsthaftigkeit.

kamelle, schimpfen oder laut reden. Nicht zu verwechseln mit → *Kamelle* (Bonbons), obwohl man auch sagen könnte, dass wer »*Kamelle hätt och jet zo kamelle hätt*«. Wer »*am kamelle es*«, der monologisiert mitteilungsbedürftig in der typisch kölsch-exaltierten Weise, wer aber *»jet zo kamelle«* hat, der hat etwas zu sagen.

Kamelle, Bonbons. Wie jeder weiß, wird beim Karnevalszug *»Kamelle!«* gerufen und schon kommen die Bonbons angesegelt. Überhaupt ruft der Kölner ganz reflexartig Kamelle, wenn irgendein Ereignis vage Ähnlichkeit mit einem Karnevalszug hat. Das müssen auch Präsidenten und Popstars bei ihren Besuchen in der Domstadt erfahren: Am Straßenrand stehen die Kölner, rufen *»Kamelle!«* und demonstrieren damit, was sie von den aufgeplusterten Darstellungen halten.

Kamelle, ahle, alte Bonbons. Der Kölner hält nichts von den *Kamelle* vom letzten Karnevalszug. Sind ja auch ungenießbar. Analog dazu wird Altbekanntes, Überholtes und aus der Mode Gekommenes als *ahle Kamelle* bezeichnet.

Kapp, nevve d'r, neben der (Karnevals-) Kappe. Wer *nevve d'r Kapp* ist, ist so verwirrt, berauscht oder betrunken, dass er denkt, sein Kopf schwebe in anderen

Sphären. Das erzeugt erhebliche Schwierigkeiten beim Aufsetzen des obligatorischen Narrenschiffchens.

Kaventsmann, riesiger Kerl. Kein ursprünglich kölsches Wort, sondern ein friesischer Import. Die Seeleute bezeichneten besonders große Wellen als *Kaventsmänner.* Heute lässt sich das Wort nicht nur auf Menschen anwenden, sondern auf eigentlich alles: Autos, Kathedralen, Schiffe, Häuser, Körperteile.

Ketsch (Appelketsch), Apfelgehäuse. Ein Dummerchen, das sich auf jeden → *Fisternöll* mit beliebigen → *Föttchesföhlern* einlässt.

Klaafmul, der kölsche *Klaaf* ist viel mehr als der hochdeutsche Klatsch und Tratsch. *Klaafen* ist eine richtige Kunst. Und wer die gut beherrscht, ist ein *Klaafmuul,* ein Klatschmaul.

Klätschkopp, wer sich die Haare mit reichlich Gel an den *Kopp* (Kopf) *jeklätsch* (geklatscht) hat, ist ein *Klätschkopp* und geht am besten Samstagabends auf den Ringen spazieren. Ideale männliche Ergänzung zur → *Bergheim-Palme.*

Klätschmann, Maurer. Vor allem mit einigen Kölsch intus, *klätscht* es sich besonders schön mit Kelle und Mörtel. Siehe auch → *»Klätsch, minge Mann is Müürer«.*

Klötsch, ein Mensch mit gewaltigen Ausmaßen, der unglaublich viel verdrücken kann → *»Fressklötsch«.*

Klüngel, das Einzige, wofür *Kölle* noch berühmter ist als für den Dom, ist der kölsche *Klüngel.* Dieses Wort hat es sogar bis in den Duden geschafft. Wenn *»jeklüngelt«* wird, werden Dinge auf kölsche Art erledigt: *»Donn dämm Schäng do och jet drup, dann nimmste demm do dofür jet fott, dan ham mer all jet dovun!«* (Gib dem Hans auch noch etwas, dann nimmst du dem da dafür etwas weg, dann haben wir alle etwas davon). Beim *Klüngeln* wäscht eine Hand die andere, *et flupp* und für jeden fällt etwas dabei ab. Der kölsche Klüngel funktioniert so wunderbar, weil einfach alle daran beteiligt sind. Und wenn jeder *jet dovun hätt,* muss man sich doch nicht groß darüber aufregen, oder? Und wenn doch etwas rauskommt, halb so schlimm, denn: → *»Et hätt noch immer jot jejange!«.* Die Ergebnisse des *Klüngel* sieht man überall: Hochhäuser, Fernsehsender, sogar der Dom selbst wäre ohne Klüngel nie entstanden.

Klüngelsklüngel, wenn es beim → *Klüngel* so richtig schön verworren wird und kein Mensch mehr durchblickt, dann ist das Stadium des *Klüngelsklüngel* erreicht. Das geht in Köln meistens ziemlich schnell.

Knaatsch, ist mit »Heulsuse« mehr schlecht als recht übersetzt. Kennen Sie diese ewig unter Migräne leidenden und ständig jammernden alten Tanten? Ja? *Dat sin Knaatsche!*

knatschjeck, absolut verrückt, also ganz besonders → *jeck*. Oft ein Ausdruck höchsten Respekts!

Knies, eingetrockneter, festgeklebter, schorfiger, verkrusteter und ranziger Dreck. Trotz dieser Adjektivlawine kommt das Hochdeutsche nicht an die Fiesheit von *Knies* heran. Weil das Abpiddeln von *Knies* ungefähr genauso anstrengend ist wie das Beilegen eines Streits, bedeutet *Knies* auch Streit.

Kniesbüggel, als »Drecksbeutel« bezeichnet man den Geizkragen schlechthin. Logisch: Der greift so selten in die Tasche, dass sich darin eine Menge → *Knies* angesammelt hat. Das Wort hört man oft in der Martinsnacht: Da ziehen die Kinder, nachdem sie das Martinsfeuer bestaunt und besungen haben, mit ihren Laternen durch die Nachbarschaft, singen das Lied des »*Hillje Zinte Määtes*« (Heiligen Sankt Martin) und hoffen auf ein paar Süßigkeiten als Belohnung. Wer nichts gibt oder die Tür erst gar nicht aufmacht, dem wird ein erbarmungsloses »*Kniesbüggel!!!*« zugeschmettert.

Knochejeis, Knochenziege. Bezeichnung für Personen, vor allem Frauen, die der Kölner für zu dünn hält (bei Männern fehlt das → *Pittermänche* unterm Hemd). Da das Maskottchen des Fußball-Tiefstaplers 1. FC Köln auch eine Ziege ist, hat das Wort *Knochejeis* hier eine besonders symbolische Bedeutung.

knöll, besoffen und blau: zuviel Kölsch, zuviel *Schabau* (Schnaps).

Knöllche / Knolle, Strafzettel im Straßenverkehr. Die rot-weißen Kölner *Knöllchen* sind berühmt und berüchtigt. Wahrscheinlich gibt es keine Stadt in Deutschland, in der so schnell ein *Knöllche* unterm Scheibenwischer klemmt wie in Köln. Ganze Heerscharen von Politessen durchkämmen die Straßen, um ihre *Knöllcher* auch an alle zu verteilen. Wahrscheinlich ein uralter Kölner Instinkt, der sich normalerweise beim Verteilen von → *Kamelle* im Karneval manifestiert. Und wieso parkt dieser dicke Mercedes da direkt vor dem Dom? Ganz ohne *Knöllche*? Antwort: siehe → *Klüngel*.

Knöpp, Knöpfe = Geld. *»Die han Knöpp«* zeigt Respekt für Leute, die *»jet an de Fööß han«*, (etwas an den Füßen haben, also reich sind) aber so *»jeit et in de Welt, de eine hätt d'r Büggel, der andere hätt et Jeld«* (so geht es in der Welt, der eine hat den Beutel, der andere das Geld).

Knüssel, (mit kürzem *ü* und weichem *s*) – ungepflegte Person. → *Knies* unter den Fingernägeln, *Rievkooche* (Reibekuchen) auf dem Hemd. Das ist in Köln *anfürsisch* nichts Schlimmes. Wer aber zerlumpt herumläuft und dazu noch unsympathisch ist, ist *knüsselich*.

Köttehungk, Bettelhund, vom Französichen *quêter* (betteln). Kein besonders liebes Wort für Kölns Obdachlose. Wer aber denkt, er könne sich mit ihnen im *schänge* messen, hat sich fies geschnitten. Oft ist ein kölscher *Köttehungk* ein wahrer Meister der gewandten Rhetorik und des gepflegten Humors. Ohne die Jungs vom Johanneshaus in der Südstadt wäre dieses Büchlein nie zustande gekommen.

Köttel, ein besonders kleiner Junge bzw. → *Panz*

Krabitz, (Betonung auf der letzten Silbe: Kra*bitz*) – kommt vom Kratzer und vom Biss: Eine Frau, die einem das Leben auf ihre widerliche Art schwermacht, ist eine *Krabitz*. Klar, an der Theke sind sich alle einig: Eigentlich ist jede Frau in ihrem tiefsten Wesen, quasi, *krabitzisch*.
Siehe auch → *Bessem*.

L

Labbes, wie soll der eigentlich auf hochdeutsch heißen? Milchgesicht? Twen? Oder Jugendlicher? Oder Heranwachsender? Egal: In *Kölle* ist alles unter 25 Jahren und 80 Kilo ein *Labbes*.

läppsch, eigentlich: schlapp, lasch oder albern. Im Kölschen extrem beliebt: dies ist *läppsch*, das ist *läppsch* und überhaupt ist alles, was nicht unbedingt → *jeck* ist, irgendwie *läppsch*. Was das dann eigentlich bedeutet, bleibt dem Uneingeweihten meistens völlig verschlossen. Je nach Situation und Kontext kann *läppsch* nämlich alles, von echt kacke bis ultracool bedeuten. Man steckt nicht drin.

Lömerich, Faulenzer. Kann man so schön strecken: *Löööömerich.* Dessen Lebensmotto ist: → *Leck ens am Aasch*! Typischer Kölner also.

Lümmmeltüüt, Kondom. Die Kölner Firma Condomi ist mit ihren Lümmeltüten zum Börsenstar geworden. Schade um den Namen: *Lümmeltüüt AG* wäre doch viel schöner gewesen!

Luuschhöhnsche, Lauschhörnchen. Klebt mit dem Ohr an geschlossenen Türen. Kriegt alles mit. Ist auch gut so, denn ohne die *Luuschhöhnsche* könnte der *Express* nichts über den → *Klüngel* schreiben. Und das wäre ja schade.

M

maggele, wenn in Köln etwas getan wird (ganz egal was), wird fast immer *jemaggelt*. Also: überlegt, gedreht, geklüngelt, entschieden, verworfen, gepfuscht. Das Schöne dabei: Damit kriegt man fast alles hin. Wenn man also wieder einmal darüber staunt, was in Köln alles möglich ist, und die Kölner fragt, wie sie das denn nun wieder geschafft hätten, lautet die stolze Antwort mit Garantie: »*Dat ham mer esu jemaggelt!*«

Malörche, ungewolltes Kind, vom französischen *malheur* (Unglück). Bei all den → *Fisternöllcher* im Karneval passiert schon mal das ein oder andere → *Malörche*. Nicht weiter schlimm: → »*Et hätt noch immer jot jejange!*«

Möckeföttche, Mückenpopöchen. Schlankheitskult hin oder her: Zu klein darf der Hintern auch nicht sein, sonst wird er zum *Möckeföttche*.

Möllche, liebevolle Bezeichnung für solche, die etwas molliger geraten sind.

Mömmesfresser, der *Mömmes* ist der Nasenpopel. Wer es also nötig hat, diese zur Kalorienaufnahme zu verwenden, ist ein echter Geizkragen. Siehe auch → *Kniesbüggel*

Möpp, fiese, abscheulicher Köter. Ein richtig gemeiner Kerl, der alle Sympathien verscherzt hat. Der Kölner schimpft ja gerne vor sich hin, selten meint er es richtig ernst. Doch wenn er zum *fiese Möpp* greift,

ist Schluss mit lustig. In einer zweiten Bedeutung ist der *fiese Möpp* so ziemlich der finsterste Gemütszustand, in den der Kölner abrutschen kann. Wenn einer *de fiese Möpp* hat, dann ist er vom Schicksal gebeutelt. Zum Glück gilt ja stets: → »*Et kütt wie et kütt*«.

moppedkettschmecke, Mopedkette schmecken. Aus Bergheim (→ *Bergheim-Palme*) importierte Halbstarkendrohung: »*Pass op, suns weedste ming moppedkettschmecke!*« (Pass auf, sonst wirst du meine Mopedkette schmecken!) Oder, in der Kurzform, ein lakonisches: »*Moppedkettschmecke?*«

Mösch, verfrorene, der »verfrorene Spatz« ist jemand, der besonders leicht friert, aber auch ganz allgemein ein blutleeres und fiepsiges Persönchen.

müffele / möffele, essen. Hier sieht man, dass der Kölner im kulinarischen Sinne kultiviert ist: Statt alles in sich hineinzuschlingen, wird elegant *jemüffelt*. Da mundet jeder Happen.

Müllemer Böötcher, die Mülheimer Bötchen, bekannt aus dem Karnevalsschlager *Heidewitzka, Herr Kapitän*, waren seinerzeit kleine Boote, die auf dem Rhein zwischen Köln und Mülheim pendelten. Wer riesige Füße hat, braucht keine Schuhe, sondern richtige *Müllemer Böötcher* zum latschen.

Murksbud, Saftladen. In der *Murksbud* sind die *Murksbröder* alles *am → verfumfeie*, so dass nachher nichts als → *Huddelskrom* dabei herauskommt. Als Kunde ist man hier wirklich nicht gut bedient.

N

nevve d'r Kapp, siehe → *Kapp, nevve d'r*

Nipp, der Pippimann des Kölners. Ein ganzes Stadtviertel heißt Nippes. Phalluskult?

Nubbel, der *Nubbel* ist die bemitleidenswerte Strohfigur, die während der Karnevalszeit über den Kölner Kneipentüren hängt und am Aschermittwoch mit großem Getöse verbrannt wird. Stellvertretend muss der *Nubbel* für alle Sünden büßen, die im Karneval verbrochen worden sind – und das sind nicht wenige. Egal was passiert ist – der *Nubbel* ist Schuld. Das hat was von großer Politik. Der Nubbel taugt also als universaler Sündenbock: *»Wer wor dat? Wer hätt he ming Frau e Panz in de Liev jesatz?«* – *»Jo, äh, dat wor sicher d'r Nubbel!«* (Wer war das? Wer hat meine Frau geschwängert? – Ja, öh, das war sicher der Nubbel!)

O

Oh Jömmisch enä, die kölsche Variante des herrschaftlichen *»Oh Jemine!«* klingt viel weniger etepetete und kann nach Belieben klagend oder vorwurfsvoll geäußert werden.

Öllig, die Zwiebel ist schon ein → *jeckes* Gemüse, deshalb werden verrückte Typen, besonders Frauen, auch *jeck Öllig* genannt.

Oos, Aas. *»Dat Oos vun nem Bies«* (Das Aas von einem Biest) zeugt von gehörigem Respekt gegenüber einer besonders fiesen Persönlichkeit.

P

Pannestätzje, der jüngste Sproß der Familie und kleinstes aller vorhandenen → *Pänz*.

Panz (Plur. Pänz), Kind. *»Pänz, Pänz, wo mer jeit un steit nur Pänz, Pänz, Pänz, dreckelije Pänz«*. Die Bläck Fööss haben das Wort salonfähig gemacht: *Pänz* sind Kinder, ursprünglich so genannt, weil sie ständig Hunger haben, sich den Magen (Pansen) vollschlagen wollen und einem *»de Hoor vum Kopp fresse«* (die Haare vom Kopf fressen).

Pappnas, Pappnase. Wichtigstes Utensil der Karnevals→*jecken*. Sozusagen die Grundausrüstung, die als minimale Verkleidung notwendig ist, um sich zur fünften Jahreszeit ins Getümmel zu stürzen. Nennt man aber einen Menschen *Pappnas*, bezeichnet man ihn als harmloses und nettes Dummchen.

Pattevugel, der »Tatzenvogel« ist eigentlich ein Papierdrachen. Auf die Kölner Fußgängerzone übertragen: eine aufgedonnerte Tussi, die mit allerlei Tüchern, Bändchen und Flitterkram behangen daherrauscht.

Pefferlecker (kölsche), Kölner Pfefferlecker. Alte Spottbezeichnung der Bauern aus dem Umland für die faulen und lebensfrohen Kölner, die sich teure Gewürze in den Bauch schlugen, anstatt zu arbeiten. Überliefert aus dem 15. Jh. als Trio: »*Pefferlecker, Velplucker, Pädesser!*« – »*Pfefferlecker, Fellgerber, Pferdeesser!*« Auch 500 Jahre später ist da noch was dran.

Pelledresser, Pillenscheißer. So werden der unbeliebte → *Apeteker* (Apotheker) und andere Korinthenkacker bezeichnet: → *Ähzezäller,* → *Westfalen.*

Pissjüppche, Pinkelschürzchen = Unterrock oder Unterhose. In Köln ist man gerne direkt. Daran werden sich die Hanseaten nie gewöhnen.

Pittermännche, das »Petermännchen« ist ein kleines Fass Kölsch. Genau das tragen viele Herren auch quasi eingebaut unter dem Hemd. Deshalb nennt man den Bierbauch stolz *Pittermännche*.

Plaat, die Glatze. Wer eine hat, ist ein *Pläätekopp*. Kann prima als Zuname benutzt werden: »*De Müllers Plaat*« ist derjenige von den zahlreichen Müllers, der eine Glatze hat.

Pluute, sind Klamotten, besonders solche, die teuer sind und trotzdem nichts hermachen. Um Quälgeister loszuwerden, eignet sich der beliebte Spruch: »*Nimm ding Pluute un jangk!*« – »Nimm deine Klamotten und geh!«

poppe, inzwischen existiert *poppen* quasi auch auf hochdeutsch. Zumindest weiß jeder, worum es geht. Aber die eigentliche Heimat der Popperei ist immer noch das Rheinland. Schließlich hieß das Motto der Karnevalssession 2002 nicht umsonst: »J*anz Kölle es e Poppespill*« (Ganz Köln ist ein Puppenspiel).

Posshängs, Posthengst. Typischer Amtsschimmel bei der *Poss* (Post), der dafür Sorge trägt, dass im »*Haupossamp nix vüran jeit*« (im Hauptpostamt nichts weiter geht).

Printemännche, Oochener, Aachener Lebkuchen-
figur. Der arme Kölner: Er ist umzingelt von →
Westfalen, → *Düsseldorfern* und dann auch noch
von den *Oochener Printemännncher.* Die sind angeblich genau so steif und unlustig wie hart gewor-
dene Printen vom letzten Sankt Nikolaus.

Provinzstadt, huch, ein hochdeutsches Wort! Aber
eins mit dynamitgleicher Wirkung. Köln ist natürlich *»Weltstadt«, »Medienmetropole«, »heiliges
Köln« »die nördlichste Stadt Italiens«* und sowieso
»et Hätz vun der Welt«. Wenn der Kölner hört, er
sei provinziell, kriegt er → *»et ärme Dier«* und
»fängk an ze kriesche« (fängt an zu weinen).

Pumadehengs, Pomadenhengst. Genau wie der →
Klätschkopp hat der *Pumadehengs* ordentlich auf
die Geltube gedrückt. Goldkettchen umgehängt,
Jogginghose angezogen, tiefergelegten Opel ge-
startet und ab auf die Ringe!

Q

Quallmann, Dickwanst. Eigentlich die kölsche Bezeichnung für Pellkartoffeln. Der *Quallmann* platzt
ähnlich aus der Schale. Kommt höchstwahrschein-
lich vom Kölsch.

Quateer, Quartier. Nette Bezeichnung für einen zu groß geratenen Hintern. Jedenfalls netter als → *Boorebahnhoff*!

Quiselsmatäntche, alte, fiese, verkniesterte, frömmelnde Frau. Vom mittelalterlichen niederländisch *kwezelen* (schwatzen) und französisch *ma tante* (meine Tante). Wie in vielen kölschen Schimpfwörtern, nimmt die Verniedlichung die Schärfe aus der Angelegenheit und macht die Beschimpfte so schon wieder sympathisch.

Quös, ist man es Leid, Kinder immer nur → *Pänz* zu nennen, kann man sie auch als *Quös* in einen lärmenden Topf schmeißen.

R

raderdoll, ganz verrückt. Jenseits von → *jeck*, dem Urzustand des Kölners, ist man *raderdoll*. *Doll* allein tut es auf keinen Fall.

Radiesje, Radieschen. *E Radiesje* ist ein attraktives Mädchen. Klar: knackig, rund, ein bißchen scharf und in den Stadtfarben rot-weiß. So sind kölsche Mädchen *lecker Mädcher.*

Rüffje, Mädchen mit lockerem Lebenswandel. Köln ist katholisch. Deshalb ist *bütze* im Karneval okay, aber wer das ganze Jahr über herumscharwenzelt, wird zum *Rüffje* abgestempelt.

S

Sackjeseech, Sackgesicht. Universale Superbeschimpfung für alles und jeden. Unbedingt viel *Schmackes* (Wucht) in die Aussprache legen: kurzes, prägnantes »*Sack*«, dann genussvoll in die Länge gezogenes »*Jeseeeeeech!*«. Das *Sackjeseech* ist in Köln durch Gerd Köster berühmt geworden: »*Wat de och mähs, wat de och dähs, du bess e Sackjeseech!*« (Was du auch machst, was du auch tust, du bist ein Sackgesicht!) Da gibt es kein Entkommen. Auch in der Familie nicht: »*Un ding Kinderen, dat sin auch Sackjeseechteren!*« (Und deine Kinder, das sind auch Sackgesichter!) Das ist so

umwerfend und einwandfrei logisch, dass sich eine Veranstaltung namens *Sackjeseech* zu einem der beliebtesten alternativen Karnevalsspektakel gemausert hat.

schabäuele, schnäpseln. In Köln wird gut und gerne gesoffen. Deshalb gibt es auch so niedliche Wörtchen wie *schabäuele*, die exzessartigen Schnapskonsum nett umschreiben.

Schabauskraat,

Schnapskröte. Auch wenn der *Schabau* (Schnaps) einfach dazugehört (erst recht zum kölschen *Jedeck* – ein Kölsch und ein *Schabau* in Eintracht nebeneinander), wer zuviel davon trinkt wird zur → *verdötschten Schabauskraat.*

Schäl, der schielende *Schäl* ist, zusammen mit seinem Kollegen → *Tünnes* eine kölsche Urfigur. Im Gegensatz zum *Tünnes* ist *Schäl* ein ausgesprochener Stadttyp: elegant gekleidet (na ja, was er sich darunter vorstellt), redegewandt (*Quatschkopp*) und leichtlebig. Aber trotz seiner Weltläufigkeit und Bildung ist *Schäl* im typischen Witz von »*Tünnes un Schäl*« der Bauernschläue des *Tünnes* unterlegen.

schäl Sick, die schielende Seite ist die furchtbare, falsche, eklige, eben die → *Düsseldorfer* Rheinseite. Es wird gemunkelt, der Begriff käme von den Pferden, die einst die Schiffe auf der rechten Seite den Rhein herauf zogen, dabei gegen die Sonne eine Augenklappe trugen und deshalb schielen mussten. Heutzutage findet man übrigens mehr »echte« Kölsche in Deutz, Kalk oder Porz als in Rodenkirchen oder »auf der« Marienburg, und die *schäl Sick* hat längst ihren eigenen, urkölschen Stolz entwickelt.

Schanditz, Polizist, Verballhornung des französischen *Gendarm*. Lebendig ist dieser Ausdruck nur noch im Kinderspiel »*Räuber und Schanditz*«. Etabliert hat sich dagegen das alte Ganovenwort für die Polizei: *»de Schmier«.*

Schänzje, Schänzchen. Sich *»et Schänzje arbeide«* oder auch *»et Schänzje loofe«* ist in Köln extrem verpönt, denn es muss zwar alles *fluppe* (klappen), aber *»wat zovill es, es zovill«* (was zuviel ist, ist zuviel).

Schlabberschnüss, wem der Mund schon hin und her schlabbert, der redet eindeutig zu viel. Sogar für Kölner Verhältnisse.

Schlappmanes, schlaffe Person. Der *Schlappmanes* hat mit nichts »*jät an d'r Botz*« (was am Hut). Sein liebster Spruch ist: → »*Annemie, ich kann net mie!*«

Schmackes, Wucht, Schläge. Wenn etwas mit *Schmackes* geschieht, dann ist das gut. Es ist Schwung in der Sache. Wer aber *Schmackes* bekommt, dem geht es schlecht. Der wird nämlich verdroschen. Siehe auch: → *moppedkettschmecke*.

Schmal, ein *Schmal* kann eigentlich jeder sein: egal ob schmal oder mollig, lang oder kurz. Wer nicht dauernd → *Jeck* sagen will, sagt ab und zu mal *Schmal*. Oft hört man: »*Wat säste Schmal?*« (Was sagst du, Schmal?)

Schmecklecker, ein Genießer in jeder Hinsicht. Das gilt nicht nur für üppiges Geschmause, sondern auch für wonniges Geschmuse.

Schnüss, das wichtigste Organ des Kölners, der Mund. Grundsätzlich kann der Rheinländer alles, *»ävver nur met d'r Schnüss«* (aber nur mit dem Mund). Oft hört man die Aufforderung *»hahlens de Schnüss«* (halt den Mund!) oder einfach nur *»Schnüss hahle!«* Meistens verpufft das aber wirkungslos. *»De Schnüss schwade«* (reden) ist für den Kölner wichtiger als atmen.

Schröm, (mit offenem, langem *ö*) – Schrammen = Prügel. Hier werden Ursache und Wirkung vertauscht. *»Do kress Schröm!«* bedeutet: Du bekommst Prügel. Die Schramme gibt es schließlich *ömesöns* (umsonst) dazu.

Schwadlappe, einer, der einem die Ohren vollschwätzt. In Köln sehr verbreitet. Deshalb nehmen viele den *Schwadlappe* eher als Kompliment denn als Beleidigung entgegen.

Seiwerkopp, aus dem Sabberkopf läuft beim Reden an allen Ecken und Enden Spucke heraus. Meistens ist der Redefluss unstoppbar. So einer hat oft eine glänzende Karriere in der Politik vor sich.

staats, was *staats* ist, ist beeindruckend, so zum Beispiel die *staatse Mädcher* von Köln, natürlich auch die *staatse Kähls* und vor allem der *staatse Dom.* Wer sich *staats mäht,* der donnert sich auf für Kirche, Kneipe, Karneval. Das degeneriert dann leicht zur → *Boorekermes.*

stiefjedrisse, wer »steifgeschissen« ist, benimmt sich auch so: unlebendig, kleinlich, humorlos. Wahrscheinlich ein → *Westfale.*

Stock em Aasch, Stock im Hintern. → *Westfalen,* Preußen und → *»Düsseldorfer«* sowieso: Alle, die sich für *jet Hüüteres* (was Höheres) halten, sind unrelaxed, unkölsch und gehen so aufrecht, als hätten sie einen Stock im Hintern.

Stropp, Junge. Ein *Stropp* oder *Ströppche* ist ein Kölner im Larvenstadium, also ein männlicher → *Panz,* der noch nicht zum *Kähl* geworden ist.

Ströpper, Schnürer (*Ströppe* = Schnüre). *En ahl Ströpper,* der Schlingen auslegt, ist in der Regel ein richtiger *Jängster,* bei dem man schnell »*en de Bredulje kütt*« (in Schwierigkeiten gerät). *Ströppe trecke* = Schnüre ziehen bedeutet, etwas im Hintergrund auf zwielichtige Weise zu arrangieren.

strunze, wer *am strunze es,* gibt an, und wer angibt, ist *ene Strunz.* Was in Köln immer schon wichtig war, wird mit der Ernennung zur Medienmetropole zur Hauptbeschäftigung von Tausenden Kölnern, → *Imis* eingeschlossen.

Stümpche, ein Baby oder Kleinkind, aber auch die Freundin (→ *Ahl*) kann *en lecker Stümpche* sein.

T

Tinnef, Ramsch und billiger Kram, *Nippes* hingegen ist ein Kölner Stadtviertel.

Tünnes, zusammen mit → *Schäl* der kölsche Urtyp überhaupt. Grob gesehen lässt sich die Welt in *Tünnesse* und *Schäle* einteilen: Einfältige Landeier hier, arrogante Schwätzer da. Der *Tünn* ist treudoof, naiv und gutmütig. Trotzdem ist er am Ende oft der Gewinner. Deshalb ist die Bezeichnung *Tünnes* im Kölschen nicht immer nur Schimpfwort, sondern manchmal auch nett gemeint.

Tüütenüggel, Tütenlutscher. Welche Tüten gemeint sind, ist ethymologisch noch nicht geklärt. Auf alle Fälle ist der *Tüütenüggel* ein widerlicher Patron vor allem als Journalist, Schriftsteller oder Musiker ein → *läppscher* Charakter.

U

Ühl, schäl, Eule, schielende. Die schielende Eule ist in Köln ein verbreitetes Tierchen. Man findet sie vor allem in Bibliotheken, Sekretariaten, Ämtern und Karnevals-

vereinen in der Form von alten, vertrockneten Tanten, die einem das Leben schwer machen.

V

verdötsch, verbeult. Wer *verdötsch* ist, ist – je nach der Situation – verwirrt, verloren, verliebt, bescheuert, doof, idiotisch, erstaunt, baff, verkatert usw. Auf jeden Fall irgendwie *anjedötsch*. Die Nuancen sollte jeder im Selbstversuch rausfinden.

verfumfeie, etwas in den Sand setzen oder eine Arbeit nicht richtig ausführen. So *verfumfeit* der Kölner Regierungs→*klüngel* erfolgreich jeden vernünftigen Ansatz zur Stadtplanung. Siehe auch → *Huddelskrom* und → *Murksbud*.

verknuse (nit), ertragen (nicht). »*Dä kann ich nit verknuse*« – den kann ich nicht ertragen und kriege deshalb bald den → *fiese Möpp.*

verschängeliere, etwas vermasseln oder verhunzen. Ein stärkerer Ausdruck für das eher liebevolle → *verfumfeie.*

W

Westfale, *ach Jott*, der Westfale. Natürlich nicht ganz so schlimm, wie der → *Düsseldorfer*, ist der Westfale trotzdem ein Sinnbild des Korinthenkacker- und Erbsenzählertums. Dröge, langweilig und humorlos fristet er sein kümmerliches Dasein. Ganz im Gegensatz zum Kölner. Man teste nur einmal die Karnevalshits »*Mer losse d'r Dom in Kölle*« und »*Westfalenland, Westfalenland ist wieder außer Rand und Band*« im direkten Hörvergleich. Und? Bitteschön.

Wibbelstetz, mit dem »Wackelschwanz« ist die Elster gemeint, übertragen auf Leute, die *iggelig* sind, also partout nicht stillhalten können.

Wuppdich, wenn etwas mit *Wuppdich* angepackt wird, dann geschieht das mit Schwung und alles *flupp* (klappt).

Z

Zang, als Zange bezeichnet der Kölner die Frau, das unbekannte Wesen, in ihrer kratzbürstigen und einengenden Ausführung. Siehe auch → *Krabitz* und → *Bessem*. Nicht zu verwechseln mit *Zäng*, den Zähnen.

Sprüch kloppe

Leben & Leben lassen

»**Am Aasch es et düster.**«   Am Arsch ist es finster.
Der Kölner ist seit jeher Stoiker. Job, Frau und
Wohnung futsch? *Mähste nühs draan* – da kann
man nichts tun. Kein Grund, → *et ärme Dier* zu
kriegen, denn: → *et hätt noch immer jot jejange*!

»**Annemie, isch kann nit mieh!**«   Annemarie, ich
kann nicht mehr. Selbst, wenn ihm die Puste aus-
geht, hat der Kölner noch einen poetischen
Spruch auf Lager. Seit Jahren das heimliche Ver-
einsmotto des ausgepumpten 1. FC Köln.

»**Butz widder Butz.**«   Stoß um Stoß. Wenn es sein
muss, kann der Kölner auch mal biblisch werden:
Aug um Aug, Zahn um Zahn und Butz widder
Butz. Gilt aber auch im Positiven, wenn Gutes mit
Gutem vergolten wird, wie im bekannten Martins-
lied: »*Butz, butz, widder butz, dat wor ne jode
Mann!*«

»**Dä rüch noh d'r Schöpp.**«   Der riecht nach der
Schaufel. Der Arme macht es nicht mehr lange.
Auch als Drohung zu gebrauchen: »*Pass op! Do*

rüchs ald noh d'r Schöpp!« – »Pass auf! Du riechst schon nach der Schaufel!«

»De Lück durch de Zäng trecke.« Die Leute durch die Zähne ziehen. Lieblingsbeschäftigung der Kölner: lästern, klatschen, quasseln über andere. Man kann sich leicht vorstellen, in welchem Zustand sich die *Lück* befinden, wenn sie einen ganzen Abend durch diverse *Zäng jetrocke* worden sind.

»Demm dun die Knoche nit mieh wieh.« Dem tun die Knochen nicht mehr weh, der Kerl hat's also hinter sich und guckt sich auf *Melaten* (größter Kölner Friedhof) oder dem *Südjottfried* (Südfriedhof) die Radieschen von unten an.

»Drieß op d'r Driss.« Scheiß auf den Scheiß. Eben. So meistert der Kölner auch die schwierigsten Lebenslagen. Siehe auch → *»Leck ens am Aasch«* und → *»Et hätt noch immer jot jejange«*.

»En schlächte Kermess, wo nix kapott jeit.« Eine schlechte Kirmes, bei der nichts zu Bruch geht. Wenn etwas *kapott* geht, ist das für den Kölner kein Grund zur Aufregung. Das Feiern ist ohnehin wichtiger als das intakte Geschirr.

»Et hätt noch immer jot jejange.«   Es ist noch immer gut gegangen. Man beachte die kölsche Vergangenheitsform: *»et hätt jot jejange!«* Hier nur keinen Fehler machen. Ausdruck des tiefen Schicksalsglaubens der Kölner. Die Vorsehung existiert und wird es schon gut mit ihnen meinen. Da können auch die KVB und der 1. FC nichts dran ändern.

»Et kütt wie et kütt.«   Es kommt, wie es kommt. Die kölsche Lebensphilosophie schlechthin. Da kann man wirklich nichts mehr hinzufügen, oder?

»Ich möch ze Fooss noh Kölle jon.«   Ich möchte zu Fuß nach Köln gehen. Das letzte Lied der Stadtikone Willi Ostermann von 1936 ist quasi zur kölschen Hymne geworden. Überall dort, wo Kölner zusammentreffen, wird dieses Lied lautstark geschmettert. Aber wann hat man das letzte Mal wirklich einen Kölner zu Fuß nach Hause gehen sehen? Noch nie? Der nimmt von Mallorca den Flieger und von Hürth-Kalscheuren die Bahn? *Dat kütt sich nit esu jenau* – das darf man nicht so eng sehen.

»Jeck, loss Jeck elans.« Narr, lass Narr vorbei. Wir sind alle Opfer der universellen *Jeckigkeit* (neuerdings gerne auch neukölsch *Jeckness*), also können wir auch nett zueinander sein und uns die besten Plätze am Rosenmontagszug gegenseitig überlassen. Ist gut gemeint, funktioniert aber verdammt schlecht.

»Jede Jeck es anders.« Jeder Verrückte ist anders. Eines der Grundbekenntnisse rheinischer Geisteshaltung: Wir sind alle *beklopp*, da kann ruhig jeder auf seine eigene Art bescheuert sein. Unwiderstehliche, immer und überall wirksame Zauberformel, um sich vor unnötiger Aufregung zu schützen.

»Jedem Jeck jefällt sing Mötz.« Jedem Verrückten gefällt seine Mütze. Erweiterung der rheinischen Grundsatzformel → *»Jede Jeck es anders«* um die geschmackliche Komponente. Wer von Grund auf beknackt ist, hat auch ein quasi naturgegebenes Anrecht auf einen beschissenen Geschmack.

»Kütt mer üvver d'r Hungk, kütt mer üvver d'r Stätz.« Wer über den Hund kommt, kommt auch über den Schwanz. Will meinen, wozu sich unnötig anstrengen, denn → *»et hätt noch immer jot jejange«*.

»Leck ens am Aasch.«   Leck mal am Arsch. Der Kölner klammert die persönliche Anrede bewusst aus – es heißt eben nicht: Leck mich am Arsch. So wird dieser Spruch zur universalen Weisheit, quasi zum kölschen kategorischen Imperativ. Nicht vergessen, den Aasch schön breit auszusprechen. Ohne »r«. Dann zurücklehnen, kaltes Kölsch aus dem Kühlschrank holen und das Leben genießen. Und LSE hören: *»Leck ens am Aasch!«* Herrlich.

»Leje wie ene Dudezeddel.«   Lügen wie ein Totenzettel: Auf dem steht ja auch, dass der Verstorbene der beste, klügste und mildtätigste Mensch auf Erden war. Der Kölner kennt diese Tricks aber ganz genau.

»Mer sin länger dut, als mer levve!«   Wir sind länger tot als lebendig. Vor dieser Weisheit beugt auch die Vernunft ihr kahles Haupt. Carpe diem, Colonia!

»Nä, nä, Marie, es dat hee schön!«   Nein, nein, Maria, ist das hier schön! Der richtige Kölsche fühlt sich überall zuhause. Das haben auch die Bläck Fööss gewusst und das *Spanien Leed* gedichtet. *»Nä, nä, Marie, es dat hee schön!«* ist zum feststehenden Begriff geworden, genau wie der Balkon, von dem nur die Aussicht auf den Dom fehlt. Olé!

»Pass op, ich kann Mikado.« Pass auf, ich kann Mikado. Mikado? Das war doch dieses Geduldspiel mit den langen Stäbchen? Egal, bei dem Namen könnte es auch Bruce Lees Tigerkralle sein. Wenn Ihnen also jemand krumm kommen sollte, ist das eine wirksame Drohung: *»Pass op, Jong, ich kann Mikado!«*

»Scheeße deit doch wieh!« Schießen tut doch weh! Das sollen die Kölner Stadtsoldaten gesagt haben, als 1892 die Truppen Napoleons vor dem *Hahnepözje* (Hahnenpforte am Rudolfplatz) standen. Also wurden das Stadttor und ein paar Fässchen Kölsch flugs aufgemacht. Geschossen wurde nicht.

Der Antimilitarismus liegt dem Kölner also quasi im Blut. Wenn mit den Säbeln gerasselt wird, sagt er eben gerne: → *»Leck ens am Aasch!«*

»Un wenn de Düvvel op Stelze kütt.« Was sich der Kölner in den Kopf gesetzt hat, will er erreichen, koste es, was es wolle, da kann selbst der Teufel auf Stelzen in die Stadt einmarschieren.

»Wenn de jeck weeß, fängk et em Kopp aan.« Wenn du verrückt wirst, fängt das im Kopf an. Natürlich! Eine anatomisch-psychologische Glanzleistung der Kölner festzustellen, dass das Abdriften in geistige Verwirrung (→ *jeck)* im Kopf beginnt! Weil der Kölner sehr stolz auf die Entdeckung dieser Zusammenhänge ist, wird dieser Spruch gerne und oft zitiert.

»Wer lang läv, weed ahl.« Wer lange lebt, wird alt. Schockierend, oder? Also her mit dem nächsten Kölsch.

»Woosch widder Woosch.« Wurst gegen Wurst. Genau wie → *»Butz widder Butz«* die kölsche Variante von *»Wie du mir so ich dir«*.

Essen & Trinken

»Dat Wasser vun Kölle es jot!« Das Wasser von Köln ist gut. Aus einem Werbespruch der Stadtwerke machten die Bläck Fööss einen Hit. Wenn also wieder der verkalkte Wasserkocher völlig verreckt und die Dusche keinen Ton mehr von sich gibt, immer wieder wiederholen: *»Dat Wasser vun Kölle es jot!«*

»Dat Zeusch kann mer keinem Äsel in et Oor schödde!« Das Zeug kann man keinem Esel ins Ohr schütten. Wird spontan und reflexartig geäußert, wenn der Name einer der weniger beliebten Kölschbrauereien fällt.

»Drink doch eine met!« Trink doch einen mit. Die kölscheste aller Aufforderungen, auf die man nie, nie, nie, nie mit nein antworten darf. Der Song ist von den Bläck Fööss ins Leben gerufen worden: *»Drink doch eine met, stell dich nit esu aan, do stehs hee die janze Zick eröm, häs de och kei*

Jeld, dat es janz ejal!« »Trink doch einen mit, stell dich nicht so an, hast du auch kein Geld, das ist ganz egal!« Das ist Marxismus pur, made in Kölle.

Eine andere Theorie, von den Machern der *Stunksitzung* geschmiedet, geht davon aus, dass *»Drink doch eine <u>Met!</u>«* (Met ist ein berauschendes Getränk aus Honig) damals schon von den Ubiern gesungen wurde, als die Römer vor der Tür standen. Somit wäre *»Drink doch eine Met!«* eines der ältesten erhaltenen Lieder der Welt. Wer weiß.

»Et schmeck nix besser als wat mer selver iss.«   Es schmeckt nichts besser, als das, was man selber isst. Dieser rheinischen Logik kann niemand widerstehen. Also: Jeder ist sich selbst der nächste. Typisch für Köln, dass diese Erkenntnis hier durch den Magen geht.

»Loss mer eine nünne, solang mer dat noch künne.«
In etwa: Lass uns einen heben, solange wir noch leben. *Nünne* ist allerdings viel subtiler als richtiges Saufen, es ist vielmehr ein genießerisches Schlürfen. Einer von abertausenden kölschen Sprüchen, die das Trinken nicht nur legitimieren, sondern quasi zum Salz in der Suppe des Lebens machen.

»Op einem Bein kann mer nit stonn.« Auf einem Bein kann man nicht stehen und auf einem Kölsch erst recht nicht. Wo bleibt denn nur wieder *»dat Sackjeseech vun enem Köbes?« Köbes*, also Jakob, heißen die Kellner in kölschen Kneipen. Das stammt aus der Zeit der Jakobspilger. Die haben in Köln Station gemacht und ihr Vermögen durch Kellnern aufgefrischt. Der Name hat sich bis heute gehalten.

»Wer jeit lecke, muss och decke.« Wer lecken geht, muss auch decken. Soll heißen: Wer sich einladen lässt, der muss auch selber einladen – das ist der kölsche Sinn für Gerechtigkeit.

Liebe & Romantik

»Do kriss e Aapeföttche!« Du bekommst einen kleinen Affenpopo. Nett gesagt, aber nichts zu machen. Wer *e Aapeföttche* bekommt, bekommt nämlich gar nichts. *»Donn mer ens e Bützje!«* – *»Do kriss e Aapeföttche!«* (So gib mir doch bitte einen Kuss! – Nichts bekommst du!)

»Isch han disch jän!« Ich liebe dich. Die Übersetzung stimmt. Wenn der Kölner auch sonst gerne redet, bei Komplimenten und melodramatischen Gefühlen hält er sich vornehm zurück. »Ich habe dich gern!« ist das Äußerste, zu dem er auf diesem Sektor in der Lage ist.

»Jähl söök ne Kähl.« Gelb sucht einen Kerl. Es stimmt tatsächlich: Auf der nächsten Dinnerparty oder beim Diskobesuch kann man es leicht nachprüfen. Trägt die Dame gelb, ist sie wahrscheinlich auf der Suche. Über die anderen Farben weiß der Kölsche aber nix.

»Ovends danze un springe, morjends de Botz net finge.« Abends tanzen und springen, morgens die Hose nicht finden – diese simple Wahrheit wird jedes Jahr zu Karneval aufs Prägnanteste illustriert.

»Höt dich vörm Wingche, vörm Stingche un vörm Schajringsche!« Hüte dich vor Wein, Weibern und Ärger (vom Französischen *Chagrin*). Auf Wein und Ärger verzichten die meisten Kölner sogar freiwillig.

Geschäft & Klüngel

»Bes dohin läuf noch vill Wasser de Rhing eraf.«
Es ist bekannt, dass der Kölner einen sehr flexi-
blen Zeitbegriff hat. Wenn ein unangenehmer Ter-
min ansteht, kann man den erstmal getrost vergessen, denn bis es so weit ist, ist eine Menge Wasser
den Rhein hinuntergeflossen.

»Dä es jet fuul lans ein Sick.« Nie würde der Kölner jemanden als richtig faul bezeichnen, er würde
sich ja ins eigene Fleisch schneiden. Stattdessen
bescheinigt man dem Tagedieb, an einer Seite etwas angefault zu sein.

»Dä kann mem Aasch Nöß kraache.« Wer mit dem
Hinterteil Nüsse knacken kann, ist ein ganz
schlaues Kerlchen, so schlau, dass er bestimmt
bald selber *em Aasch* ist.

»De Katz jeliehe kräje.« Wer etwas Ausgeliehenes
nicht zurückbringt, der bekommt das nächste Mal
eben die Katze geliehen, denn die kommt von al-
leine zurück.

»Do bruch mer doch nit jlich schäle Kopp ze sage.«
Da braucht man doch nicht gleich schielender
Kopf zu sagen. Praktisch-prophylaktische Vorweg-

nahme einer hypothetischen Beschimpfung. Wird stante pede geäußert, wenn man etwas → *verfumfeit* hat und der andere anfangen will zu → *kamelle*.

»Do finge sibbe Katze kei Müüsje drin widder!« In der → *Murksbod* herrscht eine solche Unordnung, dass sieben Katzen eine Maus darin nicht finden würden.

»Drückzehn Handwerker sin veezehn Unjlöcker.« Die kölsche Variante von »viele Köche verderben den Brei«: dreizehn Handwerker sind vierzehn Unglücke. Praktischerweise lassen sich die Handwerker durch jede beliebige andere Gruppe austauschen, zum Beispiel durch → *Pelledresser oder* → *Klätschmänner.*

»Flupp et, dann flupp et, flupp et nit, dann flupp et nit.« Schöner Ausdruck des Kölner Stoikertums: Klappt es, dann klappt es, klappt es nicht, dann klappt es nicht. Der tief verwurzelte Schicksalsglaube der Kölner (der ja auch die Arbeit erheblich erleichtert) gipfelt im kölschen Universalbekenntnis → *»Et kütt wie et kütt«.*

»Hä söök en Ähz und verbrennt en Kähz!« Er sucht eine Erbse und verbrennt eine Kerze. Mit möglichst hohem Aufwand wird eine möglichst geringe Wirkung erzielt. Programmatisch für öffentliche Kölner Projekte.

»Jet in de Maue han.« Wer etwas im Ärmel hat, hat dicke Muckis, wie zum Beispiel die → *Klätschmänner.* Auch bei Benutzung dieses Wörterbuchs unter Eingeborenen könnte es unter Umständen hilfreich sein, *»jet in de Maue«* zu haben.

»Jrave un hacke mäht schmale Backe.« Graben und Hacken macht schmale Wangen. Der Kölner ist nie um eine Entschuldigung verlegen, wenn es darum geht, nicht arbeiten zu müssen. An der Anzahl der → *Boorebahnhöffer* in der Stadt läßt sich gut ablesen, wie es um das Graben und Hacken in Köln bestellt ist.

»Jung Döktersch bruche jroße Kirchhöff.« Junge Ärzte brauchen große Friedhöfe. Nach Ansicht der Kölner sollte also die Uniklinik gleich neben Melaten liegen.

»Klätsch, minge Mann is Müürer.« Klatsch, mein Mann ist Maurer. Immer wenn irgendwo irgendwas mit *Schmackes* (Schwung) *jeklätsch* (geklatscht) wird, wird dieser Ausspruch zitiert. Dabei ist es völlig egal, ob der Ehemann tatsächlich Maurer oder ob überhaupt vorhanden ist – auch Männer dürfen mit diesem Spruch um sich schmeißen, zum Beispiel wenn Quark aufs Brot oder Sonnenöl auf den Bauch *jeklätsch* wird.

»Küss de hück net, küss de morje.« Kommst du heute nicht, kommst du morgen. Die kölsche Antwort auf das grässlich-preußische: Was du heute kannst besorgen, das verschiebe nicht auf morgen. In Köln aber schon! Sympathisch, oder?

»Scheef es englisch, un englisch es modern.« Schief ist englisch, und englisch ist modern. Mit dieser eleganten Redewendung verteidigt der Kölner seinen schrägen und zusammengeschusterten → *Huddelskrom*. Denn scheef = schief = chief = englisch = modern. Das lässt sich auch die Stadtverwaltung nicht zweimal sagen und baut Schund, was das Zeug hält.

»Wat d'r Boor net kennt, dat friss hä nit.« Was der Bauer nicht kennt, das frisst er nicht. Der Kölner ist natürlich nicht Bauer, sondern Großstädter. Er frisst also alles. Alles wird hier mal ausprobiert. Schließlich gilt immer und überall: → *»Et hätt noch immer jot jejange!«*

**»Wer lang schläf, dä schläf sich wärm, wer fröh op-
steit, dä friss sich ärm.«**　Wer lange schläft, schläft
sich warm, wer früh aufsteht, der frisst sich arm –
dachten die Kölner und brauchten locker ein paar
Jahrhunderte, um den Dom fertigzubauen.

Breefje schrivve

Einen Brief an die Stadtverwaltung, den Kardinal, die Liebste oder die Verkehrsbetriebe im Dialekt zu schreiben, ist immer eine gute Idee. Das Kölsche erlaubt so viele augenzwinkernde Unter- und Nebentöne, dass Hochdeutsch dagegen hölzern und spröde wirkt. Oft kann man nur im Dialekt wirklich das sagen, was man sagen will. Außerdem macht es einfach Spaß, einmal richtig die Sau rauszulassen, ohne dabei gleich hochoffiziell zu werden.

Als kleine Inspiration folgen hier einige Beispiele.

Wörter und Redensarten, die in Teil I und II vorkommen, sind *kursiv* gesetzt.

Brief an den Bürgermeister

Leeven Fritz,

mer sin doch jode Fründe, un jode Fründe
stonn zesamme. Isch sach ens esu: et Jeschäff
löf schlääch. Isch bin am Engk, dat janze
schöne Jeld es ald *futü*. Ävver et jöv do
jet, wat do für misch donn künss. Isch hann
en Projek, dat es Jold wäät: en schöne Tief-
jarasch treck nevven d'r Huhe Stroß. Dat wör
doch jet. Do hammer doch beide jet vun. Nur:
de ahle *Knüssels*-Dom es em Wäsch. De muss
fott! De Trumm es doch sowieso ärsch *verblötsch*. Jotischer *Huddelskrom* es dat. Fott
met dem *Jedöns*! Dat kreje mer doch, Fritz,
met enem *Höhnerkläuche*, oder net?

Lieber Fritz,

wir sind doch gute Freunde, und gute Freunde
halten zusammen. Ich will mal so sagen: Das
Geschäft läuft schlecht. Ich bin am Ende, das
ganze schöne Geld ist bald weg. Aber es gibt
etwas, das du für mich tun könntest. Ich habe
da ein Projekt, das Gold wert ist: eine schöne Tiefgarage, direkt neben der Hohe Straße.
Das wäre doch etwas. Davon profitieren wir
doch beide. Nur: Der alte, unordentliche Dom
ist im Weg. Der muss weg! Das große Ding ist
doch ohnehin sehr verbeult. Gotisches Flick-
werk ist das. Weg mit dem überflüssigen
Gebäude! Das bekommen wir doch hin, Fritz,
mit ein paar Verbiegungen, oder nicht?

Brief an eine weggelaufene Freundin

Ming leev Hätzje,

isch han et mer üvverlaat. Als isch datt jesaat han, dat du ene *Bessem* bess, en fies
Krabitz, ene *Fott wie ne Boorebahnhoff* häss
un esu, do wor isch ärsch *nevven d'r Kapp*.
Jetz bes du fott, un isch han *et ärme Dier*.
De eetzte Dage han isch met Kölsch un Schabau
vesöök disch ze verjesse, ävver et es nur
noch schlimmer jewode. Dann han isch mer ne
Klätschkopp jemaat un bin op de Roll jejange.
Isch han sojar us ener Disko esu en *Flüppche*
met noh Huss jenomme. Am nächste Morje han
isch jesinn, dat et ussoh wie en *schäl Ühl*.
Da daach isch, isch wed *raderdoll* un han mich
op de Bröck jestallt. Besser dud, wie leben-
disch ohne disch. Isch wollt höppe. Ävver
isch hat net et *Aaschloch* dazo. Do bin isch
widder noh Huss jejange. Do wor noch ding
Ungerbotz in der Wäsch. Indianer kriesche
net, ävver wie isch dat jesinn han, do moot
isch kriesche bis et *Kabäusje* unger Wasser
stund wie domols beim Huhwasser. Et Levve
ohne disch es wie Rievkooche ohne Ädäppel.
Kumm doch zerück! Kumm ad widder bei misch
bei! *Isch han dich esu jän!*

Mein liebes Herzchen,

ich habe nachgedacht. Als ich gesagt habe,
dass du eine unangenehme Frau bist, eine wi-
derwärtige Schlampe, einen riesigen Hintern
hättest usw., da war ich wirklich durcheinander. Jetzt bis du weg, und ich bin sehr be-
trübt. In den ersten Tagen habe ich mit Kölsch
und Schnaps versucht, dich zu vergessen, aber
es ist nur noch schlimmer geworden. Dann habe
ich mir die Haare gestylt und bin ausgegangen. Ich habe sogar aus so einer Diskothek
ein Flittchen mit nach Hause genommen. Am
nächsten Morgen habe ich gesehen, dass sie wie
eine schielende Eule aussah. Da dachte ich,
ich werde verrückt und habe mich auf die Brü-
cke gestellt. Besser tot, als ohne dich lebendig. Ich wollte springen. Aber ich hatte nicht
den Mut dazu. Da bin ich wieder nach Hause
gegangen. Da war noch ein Schlüpfer von dir
in der Wäsche. Indianer weinen nicht, aber
als ich das sah, musste ich weinen, bis mein
Apartment unter Wasser stand, wie damals beim
Hochwasser. Das Leben ohne dich ist wie Reibekuchen ohne Kartoffeln. Komm doch zurück!
Komm wieder zu mir! Ich liebe dich so sehr!

Brief an den Kardinal

Leeven Herr Kardinal,

minge Fründ un isch, mer *han uns esu jän* —
mer däte jän hierode. Jot, `schmein, mer sinn
net esu janz nohmal, ävver dat sid Ihr jo
och net. Mer draare och jän sune jecke *Pluute*, esu lange Flömelümpscher met lilla un
esu, ävver dat doot Ihr jo och. Met de Frau-
lückcher ham mer nix *an d'r Botz*, un ihr jo
och net. Eijentlich sin mer jenau jlich, met
dem einen Ungerschied: mer sinn us Kölle un
Ihr net. Ävver dat es uns ejal!

Jrad deswejen künne mer et nit verstonn, dat
mer in unserem schönen Dom net hieroode dür-
fe. Wat sull dat? Könne mer dat net irjenswie
maggele? Do sid Ihr doch och janz joot drin!

Lieber Herr Kardinal,

mein Freund und ich, wir lieben uns so sehr
- wir würden gerne heiraten. Gut, ich meine,
wir sind nicht so ganz normal, aber das sind
Sie doch auch nicht. Wir tragen auch gerne
verrückte Kleidung, solche langen purpurfar-
benen Gewänder, aber das tun Sie ja auch. Mit
den Frauen haben wir nichts am Hut, und Sie
ja auch nicht. Eigentlich sind wir genau
gleich, mit dem einen Unterschied: Wir kommen
aus Köln und Sie nicht. Aber das ist uns
egal!

Gerade deswegen können wir nicht verstehen,
dass wir in unserem schönen Dom nicht heiraten dürfen. Was soll das? Können wir das
nicht irgendwie heimlich hinkriegen? Das
können Sie doch auch ganz gut!

Brief an den 1. FC Köln

1. FC Köln
Vereinsheim
Jrönjödel
janz unge

Leeven FC,

isch han vür e paar Dach ming Cousinche et
Kathrinsche en Leverkuse besöök. Do bin isch
bei dene Leverkusener aan dem Fußballplatz
vorbei jekumme. Do hatte die esu zwei jroße,
eckelije Kiste opjestallt. An jedem Engk vun
däm Platz ein. Dann han die d'r Ball jenumme
un de do erinn jespillt. Esu maache die dat!
Vesöök dat doch och ens!

Vill Jlück!

1. FC Köln
Vereinsheim
Grüngürtel
ganz unten

Lieber FC,

ich habe vor ein paar Tagen meine Cousine
Kathrin in Leverkusen besucht. Da bin ich am
Leverkusener Fußballplatz vorbei gekommen. Da
hatten die zwei große, eckige Kisten aufge-
stellt. An jedem Ende des Platzes eine. Dann
haben die den Ball genommen und ihn da hinein
gespielt. So machen die das! Versucht das
doch auch mal!

Viel Glück!

Brief an die KVB

Leev *Sackjeseechteren* vun d'r KVB,

isch han jewaat. Un jewaat. Un jewaat. Op d'r
Bus. Op de Stroßebahn. *Küss de hück net, küss
de morje.* Isch han jo net jewuss, dat de
ruut-wieße Dreckskeste nur Staffaasch sin.
Ävver jetz han isch et jeschnallt! Ihr sid
en Sekte: Kölner-Verkehrs-Bagwahn! De Minsche
sulle waade un meditiere. Un bezahle. Dat es
jo Zen om Stroßerand! Jenial!

Liebe Sackgesichter von der KVB,

ich habe gewartet. Und gewartet. Und gewartet. Auf den Bus. Auf die Straßenbahn. Kommst
du heute nicht, kommst du morgen. Ich habe ja
nicht gewusst, dass die rot-weißen Dreckskis-
ten nur Dekoration sind. Aber jetzt habe ich
es verstanden! Sie sind eine Sekte: Kölner-
Verkehrs-Bagwahn! Die Menschen sollen warten
und meditieren. Und bezahlen. Das ist Zen am
Straßenrand. Genial!

Brief an das Festkomitee des Kölner Karnevals

Leeven *Pelledresser*,

hiermit beantrare isch, für de kommende Session zur Prinzessin vum Kölner Dreijestirn
ernannt ze wede. Jitta de Eezte! Lang jenoch
han ahl *Peffersäck* met *Pittermännche* ungerm
Hemp hee de Prinz jemaat. Net noch ene *Schlapp-*
manes! Wat zovill es, es zovill! Mer Fraulück-
cher künne sowieso besser fiere wie Ihr *Prin-*
temänncher. Als Jungjesell und Bäurin han
isch ming Jenossine userkore. Wenn ihr net op-
pass un unsere Forderunge net injoriere deit,
weed d'r Jürzenisch afjeflämmp! Finzerämmos!

Liebe Korinthenkacker,

hiermit beantrage ich, für die kommende Session zur Prinzessin des Kölner Dreigestirns ernannt zu werden. Gitta die Erste! Lange genug haben alte Pfeffersäcke mit Bierbauch hier den Prinzen gespielt. Nicht noch so ein schlaffer Mann! Was zu viel ist, ist zu viel! Wir Frauen können ohnehin besser feiern als Sie steife Personen. Als Junggeselle und Bäuerin habe ich mir meine Genossinnen auserkoren. Wenn Sie nicht Acht geben und unsere Forderungen ignorieren, wird der Gürzenich (Kölner Festsaal für Prunksitzungen) abgebrannt! Venceremos!

Brief an einen Vermieter

Leeven *Hungksfott* vun Vermieter,

Et Wasser steit mer bes zum Hals. Et es ald
zwei Woche am rähne un et Daach es fottjeflo-
re. Wat soll ich maache? D'r Huusmeister, de
ahl *Schabauskraat*, steit nur an d'r Thek un
is am *kühme*. Bes dä jet määt, es *vill Wasser*
d'r Rhing erav jeflosse!

Met däm Wasser wör dat net esu schlemm, wenn
mir noch Strom hätte. Ävver et jit keine
Strom mieh. Jot – et Stövsche deit et noch,
ävver dat bei demm Huus die Pooz fehlt, also,
ich weiß et nit. Jot, Se saren immer, ich
sull nur zefridde sinn, dat ich üvverhaups
jet ze wonne han un de *Schnüss* hale. Ävver
jlich dubbelt Meet, nur weil ich e Stücksche
vun däm Dom sinn künnt, wenn ich wie en *Aap*
op dä Schornstein klemme dät? Nä!

Lieber Hundepopo von Vermieter,

*Das Wasser steht mir bis zum Hals. Es regnet
fast schon zwei Wochen, und das Dach ist weg-
geflogen. Was soll ich tun? Der Hausmeister,
der alte Trunkenbold, steht nur an der Theke
und beklagt sich. Bis der etwas unternimmt,
ist viel Wasser den Rhein hinunter geflossen!*

*Das mit dem Wasser, das wäre nicht so
schlimm, wenn wir noch Strom hätten. Aber es
gibt keinen Strom mehr. Gut – das kleine
Heizaggregat funktioniert noch, aber dass dem
Haus die Tür fehlt – also, ich weiß es
nicht. Gut, Sie sagen immer, ich solle nur
zufrieden sein, überhaupt eine Wohnung zu haben und den Mund halten. Aber gleich die dop-
pelte Miete, nur weil ich ein kleines Stück
vom Dom sehen kann, wenn ich wie ein Affe
auf den Schornstein klettere? Nein!*

Brief an einen Autor

Leeven Tüütenüggel,

Jot, daach ich, en schön klei Böjelche, dunn
ich dat für dem Pitter singe Jung singe Kummulijon schenke. De Jung hätt sich och je-
freut un hätt de janze Wöödcher us dem Buch
in d'r Schull dreck usprobeet. *Pefferlecker*
hätt hä singe Deutschlehrer jenannt, *Ähzezäller* de Mathepauker un *fiese Möpp* de Direktor.
Die han sich janz jot opjeräsch, do hätt de
Jung bloß jesaat: „*Leck ens am Aasch*, dat
steit doch in dem Heffche drin, dat mir der
Onkel Schäng jeschenk hätt!"

Dachs dropp röf misch der Direktor vun der
Schull ahn un mät misch zur Sau. Wie kunnt
isch dann wesse, wat in dem Böjelche für ene
Driss drinsteit! Wöödcher wie *Lümmeltüüt*, un
ich schenken dat dem Jung zur Kummulijon!

Jetz froren isch Sie: Sidder dann jeck?

Lieber Schmierfink,

Gut, dachte ich, ein schönes kleines Büchlein, das schenke ich Peters Sohn zur Kommunion. Der Junge hat sich auch gefreut und die ganzen Wörtchen aus dem Buch direkt in der Schule ausprobiert. Pfefferlecker hat er den Deutschlehrer genannt, Erbsenzähler den Mathematiklehrer und abstoßender Köter den Direktor. Die haben sich sehr aufgeregt, da hat der Junge nur gesagt: „Aber entschuldigen Sie mal, das steht doch in dem Büchlein, welches mir der Onkel Hans geschenkt hat!"

Am nächsten Tag rief mich der Schuldirektor an und putzte mich herunter. Wie konnte ich denn wissen, was in dem Buch für ein Mist drinsteht! Wörter wie Kondom, und ich schenke das dem Jungen zur Kommunion!

Jetzt frage ich Sie: Sind Sie eigentlich verrückt?

Rich Schwab
Eine Alte Dame Ging Hering
Der zweite Büb-Klütsch-Roman

In diesem Abenteuer zieht es Büb Klütsch an die Côte d'Azur, wo er als Straßenmusiker einen tollen Sommer zu erleben hofft. Das tut er dann auch – er wird Liebhaber eines Millionenerben, schlägt sich mit der Straßenmusikerkonkurrenz und der Unterwelt von St. Tropez herum, wird in Messerstechereien verwickelt und durch die Französischen Alpen gehetzt …

Schließlich schafft er es dennoch, wenn auch mit einem Loch in der Hüfte, nach Köln zurück. Dort muss er feststellen, dass Verbrechen sich anscheinend manchmal doch auszahlt …

KIWI
Köln

Bernd Imgrund
KORRUPT
Kölner Roman

»Korrupt« ist ein Tatsachenroman. Der anonyme Erzähler folgt den Spuren eines Kölner Bauunternehmers, der maßgeblich an einem großen Korruptionsskandal beteiligt war. In den 70er Jahren ein linksradikaler Abiturient, wird er später zu einem skrupellosen Firmenchef und setzt sich an die Spitze eines kriminellen Kartells.

»Korrupt« ist zugleich ein Buch über die Großstadt Köln. Es taucht nicht nur ein in die jüngste Kölner Vergangenheit, sondern verwebt zudem auf fesselnde Art die verschiedensten Lebenswege miteinander.

Ein Roman über Klüngel, Korruption und Geschäftemacherei auf höchster politischer und wirtschaftlicher Ebene – spannend, geistreich und hintergründig erzählt!

Werner Köhler

Das große Buch der kölschen Küche

Vom »Halven Hahn« bis zur »Ähzezupp«, vom »Suurbrode« bis zu den »Rievkoche« – in diesem neuen Standardwerk der kölschen Küche fehlt keiner der großen Klassiker. Als Beilage serviert der Autor außerdem viele weniger bekannte kölsche Rezepte und erklärt die Verwandtschaft zu anderen Regionalküchen anhand vieler Rezeptbeispiele.

Dazu gibt es jede Menge Tipps für den Kochalltag sowie Geschichten und Geschichtliches rund um die Tafelfreuden der Domstadt.